宋瓷 建窑

冯小琦　陈西桂　主编

文物出版社

图书在版编目（CIP）数据

玺圭雅集 ：宋瓷　建窑 / 冯小琦、陈西桂主编.
-- 北京 ：文物出版社，2017.3
ISBN 978-7-5010-4876-2

Ⅰ．①玺… Ⅱ．①冯… ②陈… Ⅲ．①建阳窑－瓷器
（考古）－中国－宋代－图集 Ⅳ．① K876.32

中国版本图书馆 CIP 数据核字（2016）第 314714 号

玺圭雅集——宋瓷　建窑

主　　编 ：冯小琦　陈西桂

责任编辑 ：许海意
责任印制 ：张道奇
装帧设计 ：雅昌设计中心·上海

出版发行 ：文物出版社
地　　址 ：北京市东直门内北小街 2 号楼
网　　址 ：www.wenwu.com
邮　　箱 ：web@wemwu.com
经　　销 ：新华书店经销
印　　刷 ：上海雅昌艺术印刷有限公司
开　　本 ：889×1194　1/16
印　　张 ：14
版　　次 ：2017 年 3 月第 1 版
印　　次 ：2017 年 3 月第 1 次印刷
书　　号 ：ISBN 978-7-5010-4876-2
定　　价 ：360.00 元

序（一）

冯小琦

　　黑釉瓷器在中国陶瓷发展史上是出现较早、延续时间较长的一个品种，它与青瓷几乎同时出现。早些时候一般认为在浙江杭州湾地区的上虞、宁波两地发现的东汉时期的黑瓷窑址，是最早烧造黑瓷的产地。随着考古工作的不断发展，最新资料显示，早在春秋晚期至战国初期，已经发现烧造黑瓷的窑址。自此黑釉瓷器历代均持续生产。

一、古窑址调查发现的黑釉瓷器

　　古窑址调查中发现烧造黑瓷的窑址，历史悠久，分布很广。早期有浙江德清、上虞、宁波、余杭。唐代有河北邢窑、定窑，河南巩义窑、鲁山窑、内乡窑，山西浑源窑，陕西耀州窑，安徽寿州窑，湖南长沙窑，江苏宜兴窑，四川琉璃厂窑。宋（辽金）、元时期有北京龙泉务窑，河南安阳窑、修武窑、密县窑、登封窑、宝丰窑、禹县窑、临汝窑、郏县窑，辽宁辽阳窑，山西浑源窑、大同窑、怀仁窑、榆次窑、盂县窑、交城窑、介休窑、临汾窑，山东临沂窑、淄博窑、枣庄窑、甘肃安口窑、武威窑，内蒙古赤峰窑、南山窑、白音格勒窑，宁夏瓷窑堡窑、回民巷窑，安徽霍山窑，浙江临安绍鲁、谢家窑、温岭窑、苍南窑、泰顺窑、义乌窑、武义窑、金华窑、衢州窑、江山窑、庆元窑，福建崇安窑、光泽窑、邵武窑、建阳窑、柘荣窑、建瓯窑、顺昌窑、建宁窑、南平窑、宁德窑、福州窑、闽侯窑、福清窑、三明窑、泉州窑、厦门窑、华安窑、漳浦窑，江西南城窑、贵溪窑、上饶窑、铅山窑、景德镇窑、吉州窑、赣州窑，广西容县窑、兴安窑、桂州窑里窑、永福窑，湖南衡山窑、岳阳窑，湖北鄂城窑，四川广元窑、泸州窑、西坝窑、荣昌窑、清溪窑、新津窑、双流窑、都江堰玉堂窑，重庆涂山窑等。明清南北地区还有一些瓷窑延续烧造，如陕西耀州窑、澄城窑，山西地区瓷窑，云南建水窑等。

二、福建地区黑釉瓷器

　　福建地区宋元时期烧造青釉、黑釉、青白釉瓷器，此外还有青釉褐彩、褐釉、绿釉等。黑釉瓷器的烧造以建阳为中心，覆盖闽北地区，闽南也有一些瓷窑烧造。

　　建窑是宋代福建地区的重要瓷窑，是宋代黑瓷的著名产地，宋代饮茶的兔毫盏就产自这里。该窑 1954 年发现，以后经过多次调查，共发现十余处窑址。水吉镇重点窑址进行了两次发掘，两次发掘均出土了碗底刻"供御"与"进盏"二字的茶盏，文献记载从而得到了证实。90 年代发掘的大陆后门窑，长 134 米多，是目前发现长度较长的瓷窑。窑址发掘还显示建窑在烧黑釉之前，还烧造青釉瓷器。流行于宋元时期的珠光青瓷，在建窑也有烧造，而且质量上乘。北宋后期建阳窑曾为宫廷烧制茶盏，碗底刻"供御"与"进盏"二字。

　　从品种来看，除上述青釉外，建窑以烧制各类黑釉器物为主。兔毫盏是建窑最具代表性的器物，其特征是在黑釉上呈现棕黄色或铁锈色或银色条纹，形似兔毫，为黑釉中的名贵品种。其形成原因主要是在烧制过程中气泡将铁质带到釉面，在高温下釉层流动，富含铁质的部分流成条纹，冷却时析出赤铁矿小晶体，从而形成绚丽的兔毫斑。兔毫斑纹以银毫最为稀少而且更加珍贵。除兔毫盏以外，建窑还烧制很多黑釉品种，曜变、鹧鸪斑纹都是很名贵的品种。曜变是在黑釉中不同的光线下闪现五颜六色类似大小环状的结晶，在灯光的照射下颜色更加美丽。此类器物数量不多，日本收藏有颜色非常好的曜变天目碗，国内也有少量收藏。鹧鸪斑纹是建窑烧制的又一创新品种，在黑釉上饰以纯白色圆的斑点。我第一次见到真正的鹧鸪标本是在陈西桂先生的展室，其身上的斑点及颜色与文献上建盏图片的斑点极为相似，进一步理解古人的形容是非常准确的，也更加敬佩古代陶工非凡的创造力。

从造型方面看，建窑器物以碗盏为主，其他日用的壶、瓶、罐、盒等也有少量烧制。碗的造型非常丰富，从几十厘米到几厘米的都有，这几年在浙江、福建地区窑址考察中，在博物馆、市场及私人藏家中看到非常丰富的器形。大碗有的口径近 30 厘米，如不是亲眼所见绝不敢相信。碗有大小，口有敞口、直口、敛口等，很多碗口部出棱，为建盏的标准样式。其他各地仿此种造型的碗最为常见。

从釉色来看，建窑的黑釉颜色变化很丰富，有的纯黑，有的纯酱色，还有黑酱色相间，也有口为酱色，口以下为黑色。很多黑釉碗的口部呈酱色，并且无光失亮呈铁色。

从胎质来看，建窑黑釉器物含铁量较高，胎色黑中带紫，是其特色。其他地区仿建盏，虽然造型相似，但由于原料不同，所仿建盏很难达到紫黑色铁胎。

从以往的材料得知建窑茶盏因进贡朝廷，碗底印刻"供御"或"进盏"款识。随着考古的不断深入，发现越来越多的款识，我们 2009 年调查建窑窑址时，见到"新窑"款识，这些年收藏建窑的藏家手中带款识的不下 600 种，包括各种画押款。

很多新实物的出土为研究建窑提供了非常丰富的资料。由于建窑茶盏在饮茶方面的优势，它不仅为宫廷选中烧制御用茶盏，而且影响范围广大。众多的瓷窑烧制建窑风格的器物，形成了一个较为庞大的建窑黑釉体系。

三、建阳窑系

以建窑为中心，在南北方地区形成黑釉窑系，大量瓷窑烧制黑釉茶盏。

北方黑釉瓷器从唐代到元代普遍生产，明清时期延续烧造。宋代黑釉器物的胎色有白、黄、灰等色。定窑、当阳峪窑的黑釉碗胎色最白，为其特色。其他瓷窑的黑釉使用当地原料，胎色有灰、灰白、黄等色。其中在河南、山西等地有一些黑釉碗底露胎部分涂黑紫色的，显然是为模仿建窑黑紫色胎而制作的。

南方地区模仿建窑更加普遍，造型与建窑的更加接近。浙江地区黑釉窑址北有临安，西边有江山、衢州。金华地区有武义、义乌。东有临海、南有泰顺。所烧器物以小盏为主，造型多模仿建窑兔毫盏，有些同时受北方装饰风格的影响，用两种色釉同时装饰一件器物。由于受原料限制，北方的黑釉白口在这里是黑釉青口。

福建地区黑瓷窑址已如前述，从闽北到闽南均有生产。

四川地区烧制具有南、北方风格的器物，也烧制黑釉瓷器。器物造型有罐、荷叶罐、壶、瓶碗等。黑釉中有里白外黑、黑釉线纹装饰以及黑釉白口装饰，都具有北方风格。各类器物以碗为最多。广元窑、西坝窑、成都涂山窑等都烧制具有建窑风格的碗、盏。其中以广元仿制的建盏水平最高，也最为相似。因其地胎土含铁量高，胎色深紫色，与建窑胎色相似。但从整体情况来看，古四川地区碗盏造型较建窑及其他窑显得瘦高，是其特色。

从目前调查江西地区古代瓷窑来看，宋代也普遍烧制黑釉茶盏。已发现贵溪窑、上饶窑、铅山窑、景德镇窑、吉州窑、赣州窑、南城窑等烧制黑釉瓷器。有些窑是专门生产茶盏的。其中上饶茶亭窑所烧的黑釉盏与建窑的最为相似，胎色因含铁量高而呈较深的颜色，但总体上胎色比建窑的略浅一些，修足与建窑相比也略有差异，但盏的造型、釉色与建窑十分相似，有些盏与建窑的放在一起，则难以区分窑属。铅山窑也有专门烧制茶盏的窑，所烧制的黑釉盏造型小巧，具有本窑的特点。

湖南地区烧制黑釉瓷器的窑址有湘乡窑、祁东窑、衡阳窑、邵阳窑、桂阳窑、汝城窑、江永窑等，其中不少窑烧制黑釉茶盏，有些还有窑变现象，有一种器形与建阳窑的造型相似，但其烧造工艺采用支钉叠烧是其特色。

以建窑为中心的黑釉瓷器是古陶瓷研究中的重要课题。建窑瓷器也是值得深入研究的。

四、关于本册建窑盏图录

陈西桂先生对中国古代陶瓷情有独钟，潜心研究中国古代瓷器，钻研精神可嘉。研究范围涉及中国陶瓷历史、陶瓷科技检测等方面，具有一定的鉴赏力，是一位值得尊敬的藏家。他的身边聚集了一批藏友和对建窑有颇深研究的博物馆专业人士，经常对建窑瓷器进行研究交流，有很好的鉴赏力。

2015年1月在陈西桂先生的上海玺圭古文化传播有限公司主办了以建窑为主题的展览。他们将各自收藏的建窑真品予以展示，共展出建窑瓷器160多件。展品以黑釉盏为主，包括建窑各个品种、各种釉色的器物，不论数量还是质量都很好。目前在古玩界，能汇集建窑系列如此多的真品加以展示，实属难得。它弘扬了古代陶瓷文化，在赝品充斥文化市场的今天，显得尤为珍贵。

为给大家提供一个学习建窑文化的机会，从展品中遴选出102件精品，汇集出版，题为《玺圭雅集》。其中不乏较名贵的器物，包括兔毫、油滴、鹧鸪斑、描金等各种釉色及造型的盏，是品味宋人文化、欣赏建窑精品的一道盛宴，是学习建窑瓷器的一本可资参考的好书。

序（二）

谢道华

　　建窑是一座享誉海内外的宋代名窑。窑址坐落在福建北部的建阳市水吉镇后井、池中村附近。历史上水吉镇曾属建州辖地，故而得名"建窑"。后因行政隶属关系的变化，又有"水吉窑""瓯宁窑"等称呼；又由于建窑以生产黑釉瓷器见长，故文献上又有"乌泥窑"等记载。

　　建窑窑址主要分布在芦花坪、牛皮仑（包括庵尾山）、大路后门和营长乾（又名社长埂，包括园头坑）等处，窑址总面积约12万余平方米。建窑创烧于唐代，兴盛于两宋，宋末元初趋于衰落以至停烧，历史上以烧造风格独特的黑釉碗著称，俗称"建盏"。建盏釉色品类丰富，尤以兔毫、油滴、鹧鸪斑、曜变等名贵瓷品饮誉海内外，并因此成为建窑系黑釉瓷器的命名窑场。近年还发现少量描金装饰盏，内容有"寿山福海""福禄寿喜"等吉祥语和兰花等花草纹饰。2001年6月，建窑窑址经国务院批准公布为第五批全国重点文物保护单位。2011年，建窑建盏烧制技艺被列入第三批国家级非物质文化遗产名录。

　　两宋时期尤其是北宋中期至南宋中期是建窑的鼎盛时期，黑瓷得到了淋漓尽致的发挥，并与青瓷、白瓷形成"三足鼎立"之势。上自宫廷皇室、下至布衣之家，对建盏都有特殊的偏爱。影响所及，福建有三分之一的县烧造黑瓷，江西、浙江、安徽、四川、重庆、河北、陕西、山西、山东等地也发现黑瓷窑址。宋徽宗在《宣和宫词》中写道："螺钿珠玑宝合装，琉璃瓮里建芽香。兔毫连盏烹云液，能解红颜入醉乡。"在《大观茶论》中说："盏色贵青黑，玉毫条达者为上……"建盏跻身贡品之列，特享尊荣，由此身价倍增。随着茶文化的传播，建盏流传到日本、韩国等东亚国家和海外地区。在日本的一千多件国宝中，有8件中国瓷器，其中建窑生产的建盏占了4件（50％），包括东京静嘉堂文库美术馆、大阪腾田美术馆和京都龙光院收藏的"曜变天目"茶碗（南宋）及大阪市立东洋陶瓷美术馆收藏的油滴茶碗。建窑在宋代文化史上的影响力可见一斑。

　　建盏号称瓷器中的"黑珍珠""黑牡丹"。其最大的特点就是在黑色的底釉上能产生变幻无穷的色彩纹理，如兔毫、油滴、鹧鸪斑、柿红、酱绿、曜变等等。这些釉面与华丽的彩绘或繁缛的雕饰不同，它们是釉料在一定的温度和气氛中产生变化的结果，陶瓷界称之为"窑变"，这是古代劳动人民的天才创造。建窑首创的兔毫等结晶釉变化莫测，博得了众多文人雅士的喜爱和赞颂。黄庭坚的《西江月·茶》诗云："兔褐金丝宝碗，松风蟹眼新汤。"蔡襄在《试茶》中也赞道："兔毫紫瓯新，蟹眼清泉煮。雪冻作成花，云闲未垂缕。愿尔池中波，去作人间雨。"

　　建盏采用一次性施釉，且釉层普遍较厚，釉汁肥厚。由于建盏都用正烧，故口沿釉层较薄，而器内底聚釉较厚；外壁往往施半釉，以避免在烧窑中底部产生粘窑；由于釉在高温中易于流动，故有挂釉现象，俗称"釉泪"、"釉滴珠"，与那些过于精致谨慎的器具相比，更带有一种粗率自然的亲切感，更能触发人们的无穷遐想，沉稳中多了几分灵动之美。建窑黑瓷玻化的程度较高，釉面光亮但不刺眼，给人以宁静庄重之感。宋代是一个理学文化主导的时代，这种时代精神体现的是一种平静柔和的心绪意境。建窑的黑釉瓷器所散发出的端庄而略带神秘的美感，正迎合了宋代的审美意识。

此外，建盏的特点最适合宋人斗茶。首先，建盏的外观造型玲珑小巧，色彩深邃，具有典型的民族风格和浓郁的东方艺术色彩，盏内外饰以变幻莫测的纹理，美不胜收，这种装饰纹样与手工绘制或刻划、模印不同，它既依靠釉料配方的变化，又依托窑内烧成温度与气氛的不同而产生不同的纹理，往往产生于意料之外，因此，具有无穷的艺术魅力，似为"鬼斧神工"之作，具有很高的欣赏价值。其次，建盏边薄底厚，胎骨厚重、坚硬，具有良好的保温性和隔热性。宋代是"斗茶"文化极盛的特殊时代，上自贵族皇室，下至布衣之家，无不以斗茶为日常生活的一项乐事。蔡襄、苏东坡、范仲淹等一批文人雅士的诗文中，都把当时的斗茶描写得惟妙惟肖，激起了世人的浪漫情怀，对"斗茶"又起到了推波助澜的作用。建盏的实用性与观赏性实现了完美的结合，其诸多优点使其他窑场生产的茶盏大为逊色，最终成为宋代最上乘的斗茶用具，并迅速红遍大江南北。宋代斗茶成风，皇室推崇备至，文人咏茶成趣，建盏声名鹊起，客观上刺激了建盏的生产。某种意义上说，建盏与斗茶相生相伴，盏因茶而兴、茶因盏而名。

目 录

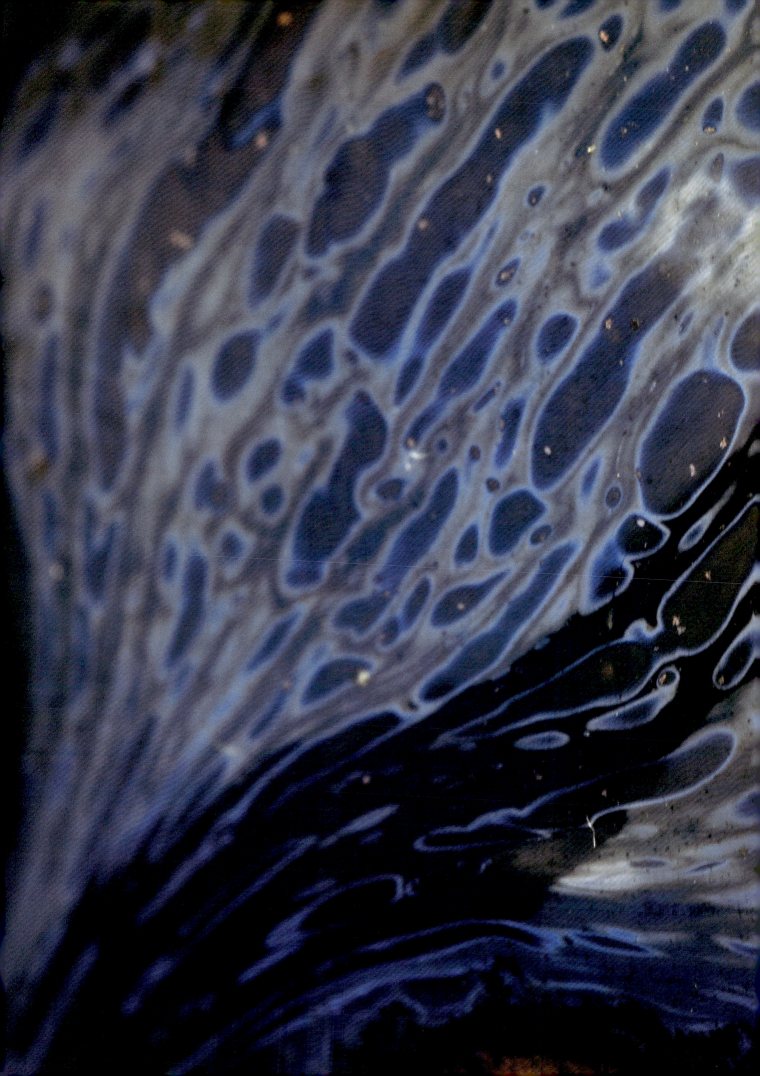

图 版

金毫束口盏

窑口：建窑　尺寸：高 6.8 厘米 口径 12.1 厘米
Bowl with Design of Golden Hair
金線束口天目茶碗

盏定义为喝茶或饮酒的小杯子，宋代建窑生产
的各种形式的碗，由于当时专用于饮茶或斗茶
之用，故又称其为盏。
金毫是宋代生产的窑变结晶釉兔毫盏的一种，
釉面呈金黄色丝状条纹。其他还有银兔毫、黄
兔毫等。兔毫盏是宋代建窑的代表产品较珍贵，
束口即茶盏的口沿下有内收凹道（槽），以防
茶水外溅。

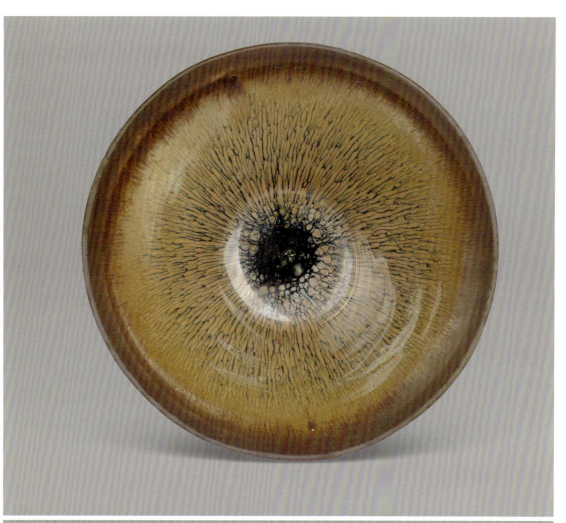

银油滴束口盏

窑口：建窑　尺寸：高 6.8 厘米 口径 13.2 厘米

Bowl with Design of Silver Oil Drop
銀線油滴束口天目茶碗

银油滴是宋代建窑生产的窑变结晶釉的一种，
釉面呈银白色油滴状，又称其为鹧鸪斑，有银
色、银灰、黄色等较珍贵。

"供御"款柿釉兔毫束口盏

窑口：建窑　尺寸：高 6.1 厘米 口径 12.5 厘米

Reddish Brown Glazed Bowl with Mark of Gong Yu
and Design of Rabbit Hair
「供御」在銘　柿釉兎毫束口天目茶碗

在盏底刻有"供御"两字，表示是提供皇家用
的贡品，极其珍贵，柿釉即其釉呈色为柿子黄色。

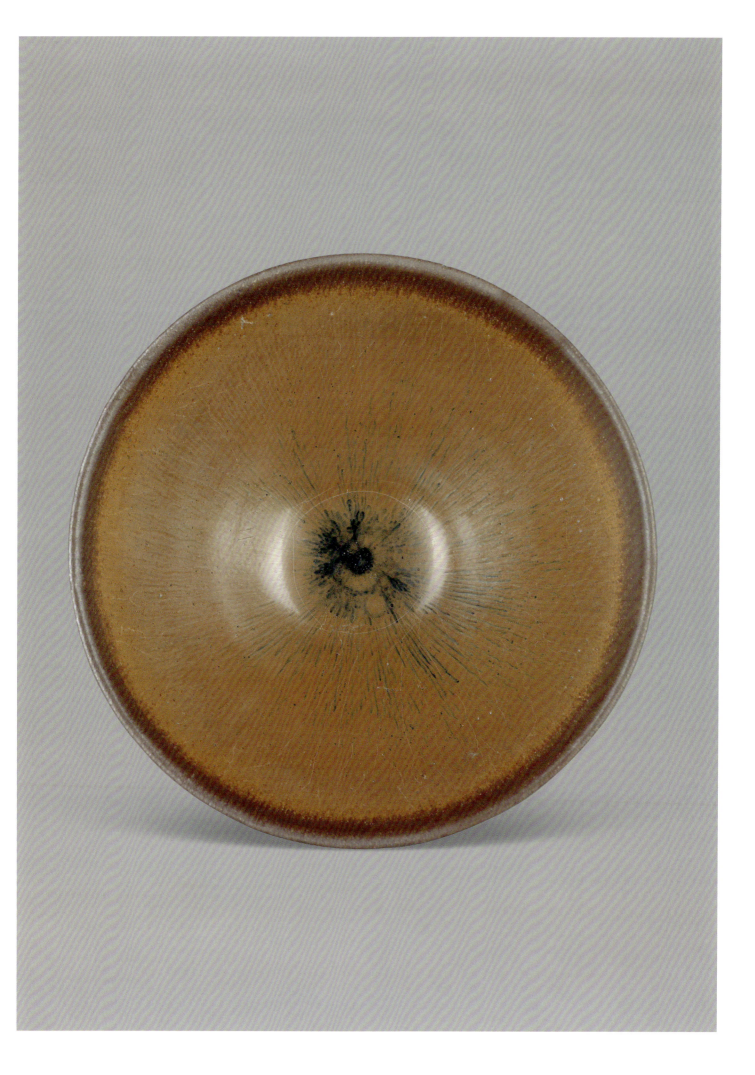

金毫炉式盏

窑口：建窑　尺寸：高 5 厘米 口径 10.2 厘米

Incense Burner Shaped Bowl with Design of
Golden Hair
金線炉式天目茶碗

炉式盏是采用宋代香炉造型，体圆，口沿外翻。
此盏内外兔毫金线纹排列上下通达，较珍贵。

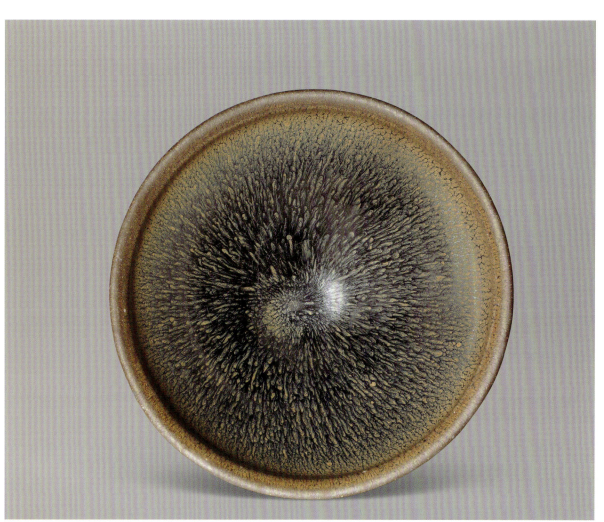

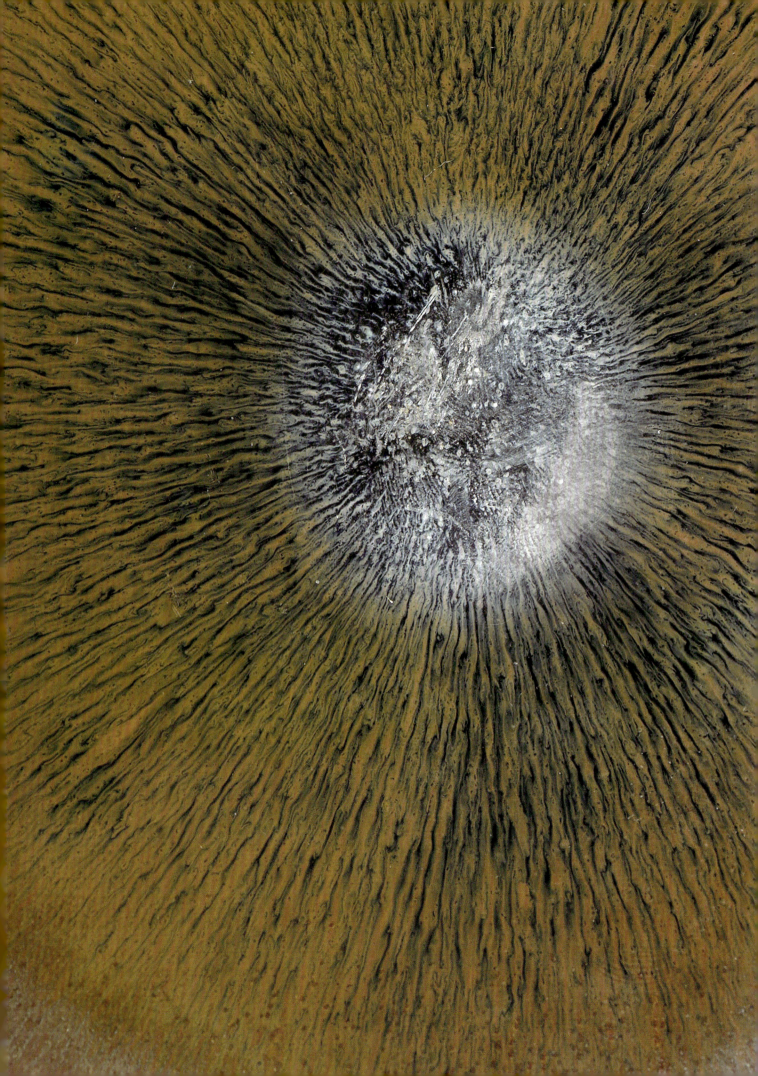

金毫斗笠盏

窑口：建窑　尺寸：高 4.3 厘米 口径 14.8 厘米

Bamboo Hat Shaped Bowl with Design of Golden Hair
金線寸胴笠天目茶碗

斗笠盏是宋代常用器形，如同斗笠帽，故名。此盏内壁兔毫金线排列清晰，造型规整，较珍贵。

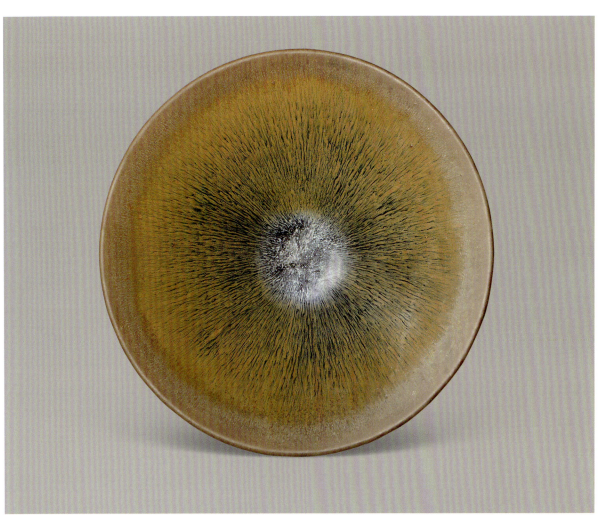

曜变宝石蓝束口盏

窑口：建窑　尺寸：高 5.4 厘米 口径 10.8 厘米

Sapphire Glazed Bowl
曜変サファイアブルー束口天目茶碗

曜变是建窑烧造工艺中的一种特殊的窑变分相
釉，在光照下釉面的斑点周围呈现蓝、红、金
黄等晕色，其他窑口的所谓窑变基本可控而曜
变是自然天成，人为无法控制。在宋代称其为
异毫盏，是千万件的烧制件中出现的个别珍品。
该盏内外均呈现宝石蓝的乳光非常难得，很珍
贵。

灰皮釉斗笠盏

窑口：建窑　尺寸：高 6 厘米 口径 13.1 厘米

Grey Glazed and Bamboo Hat Shaped Bowl
灰皮釉笠天目茶碗

该盏釉面灰青满布网络状片纹，也是宋代建
窑较少的品种，比较珍贵。

金毫炉式盏

窑口：建窑　尺寸：高 7.2 厘米 口径 12.5 厘米

Incense Burner Shaped Bowl with Design of Golden
Hair
金線炉式天目茶碗

盏釉面呈现金黄色兔毛丝纹，该器底可以看到
建盏的胎土颗粒度比较粗大，但整体造型和修
足特别规整是很多其他窑口所不及，较珍贵。

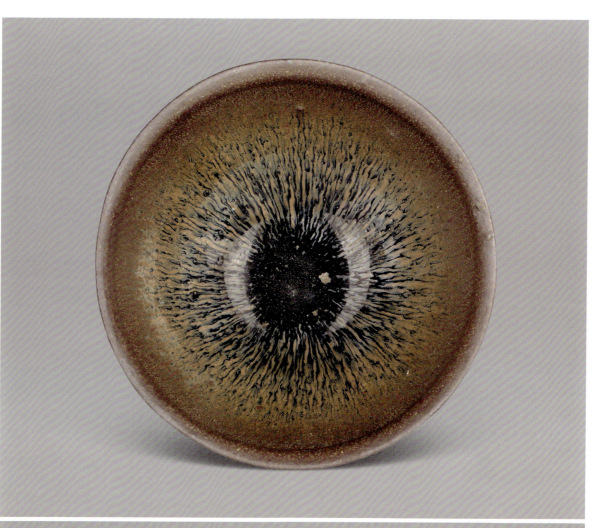

蓝毫束口盏

窑口：建窑　尺寸：高 6.8 厘米 口径 12.8 厘米

Bowl with Design of Blue Hair
藍斑束口天目茶碗

在宋代建窑中，兔毫纹呈蓝色也较罕见，是窑
变自然形成，不能刻意求成，珍贵。

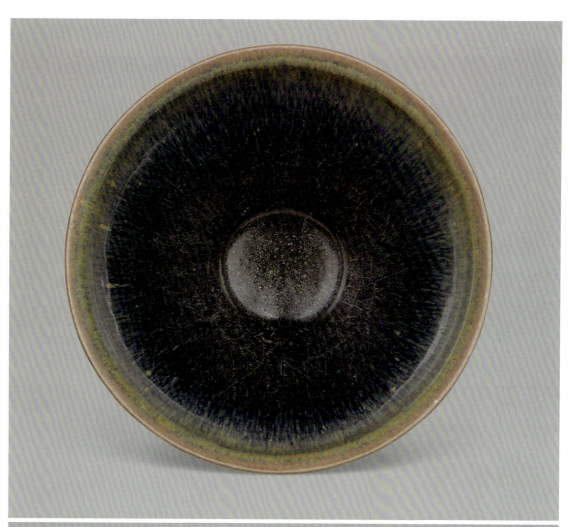

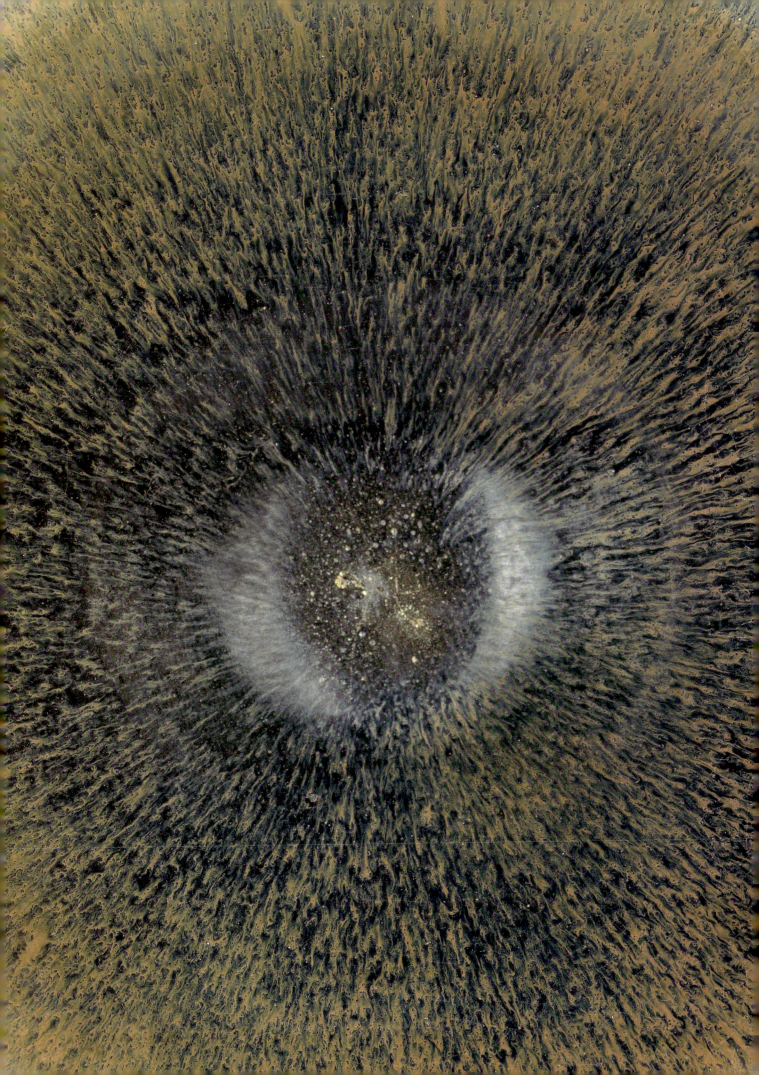

兔毫撇口大盏

窑口：建窑　尺寸：高 5.8 厘米 口径 15.3 厘米

Big Bowl with Design of Rabbit Hair
兔毫撇口天目茶碗

宋建窑盏一般小盏居多，大盏较少，该盏口沿
外翻称撇口，内外兔毫纹上下通达纹丝较长。

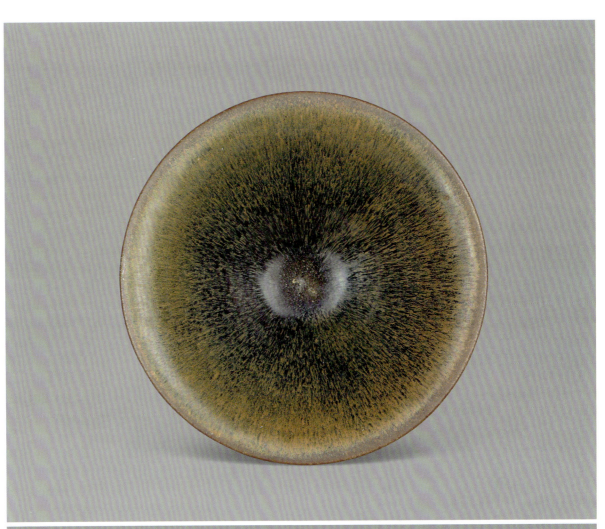

蓝毫炉式盏

窑口：建窑　尺寸：高5厘米 口径10.4厘米

Incense Burner Shaped Bowl with Design of Blue
Hair
藍斑炉式天目茶碗

兔毫纹呈蓝色比较稀罕，炉式器形显稳重大方，
珍贵。

黑釉束口盏

窑口：建窑　尺寸：高 6 厘米 口径 12.2 厘米

Black Glazed Bowl
黑釉束口天目茶碗

黑釉是宋代建窑工艺最为成熟的大宗产品，
在高古各名窑黑釉瓷中，建窑黑釉质量较高。

蓝毫束口盏

窑口：建窑　尺寸：高 6.5 厘米 口径 12.5 厘米

Bowl with Design of Blue Hair
藍斑束口天目茶碗

盏内兔毫纹带蓝色乳光更显珍贵，该盏下部的
积釉和釉珠也是建窑工艺的特征之一，是因为
其釉料属石灰釉，釉层较厚，烧制温度高，易
流动形成的，釉珠也增加了建窑的自然灵动感。

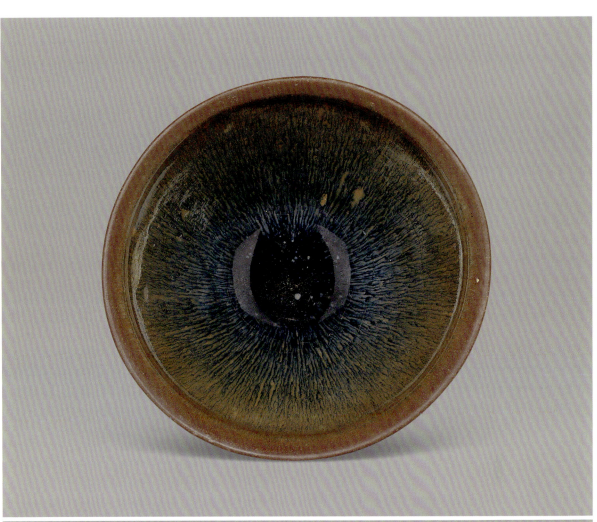

银毫曜变玉壶春瓶

窑口：建窑　尺寸：高 28 厘米 口径 7.3 厘米 足径 8 厘米

Vase with Design of Silver Hair
銀線曜変玉壺春の瓶

银毫曜变是宋代烧造工艺中一种特殊的窑变分相釉，光
照下呈银白条纹及宝蓝色光晕，是自然天成之宝物。玉
壶春瓶在建窑烧造器形中极为少见，作为立件，其制作
及烧造难度较圆器更大，故此件更为珍贵稀有。

兔毫束口盏

窑口：建窑　尺寸：高 6.7 厘米 口径 12 厘米

Bowl with Design of Rabbit Hair
兎毫束口天目茶碗

盏内外布满上下通达之兔毫纹，器形为建盏
中标准造型之一，较珍贵。

蓝毫盏

窑口：建窑　尺寸：高 5.5 厘米 口径 9.5 厘米

Middle-sized Bowl with Design of Blue Hair
藍斑中型天目茶碗

碗身较高，腹部饱满，兔毫纹带蓝色乳光，较珍贵。

兔毫斗笠盏

窑口：建窑　尺寸：高 4.7 厘米 口径 12.7 厘米

Bamboo Hat Shaped Bowl with Design of Rabbit
Hair
兎毫笠天目茶碗

该兔毫盏为斗笠式，加上口沿外撇，造型更为美
观，釉面呈兔毫丝纹，较珍贵。

"进盏"款灰背釉束口盏

窑口：建窑　尺寸：高 6 厘米 口径 12.1 厘米

Grey Glazed Bowl with Mark of Jin Zhan

「進盞」在銘　灰被釉束口天目茶碗

"琖"即"盏"，该盏底刻"进琖"款是建
窑贡瓷盏又一款名，较珍贵。灰背釉即黑中
偏灰色的釉，器形属较为常见的束口式。
本图录收录"进琖"款盏 2 件，釉色纯黑，
字体规整、刚健。高度在 5∽6 厘米之间，
口径为 12.1 厘米。

茶叶末釉小盏

窑口：建窑　尺寸：高 4.7 厘米 口径 10 厘米

Small Tea Dust Glazed Bowl
茶葉末釉天目茶碗

茶叶末釉唐代就已烧造，其釉色黄绿似茶，
宋代很流行。建窑的茶叶末釉色更显通透，
较珍贵。

蓝毫小茶盏

窑口：建窑　尺寸：高 4.1 厘米 口径 9.6 厘米

Small Bowl with Design of Blue Hair
藍斑天目茶碗

造型为敞口，是建盏中的又一种器形。
兔毫纹带蓝色乳光，较珍贵。

黑釉墩式盏

窑口：建窑　尺寸：高 5 厘米 口径 11 厘米

Stool Shaped and Black Glazed Bowl
黑釉太い茶碗

器形敞口，下丰满，极为规整，釉面漆黑，光亮
如新，珍贵。

乌金釉银毫束口盏

窑口：建窑　尺寸：高 7.5 厘米 口径 12.6 厘米

Golden Black Glazed Bowl with Design of Silver
Hair
乌金釉銀線束口天目茶碗

乌金釉，即其釉色黑又亮，如金属光色，且釉
面布满银白色兔毫丝纹，较珍贵。

兔毫束口盏

窑口：建窑　尺寸：高 6.1 厘米 口径 12.5 厘米

Bowl with Design of Rabbit Hair
兔毫束口天目茶碗

盏内外布满兔毫纹，器形为束口式，釉色由酱色渐变为黑色，较珍贵。

"供御" 款黑釉束口盏

窑口：建窑　尺寸：高 5.9 厘米 口径 12.3 厘米

Black Glazed Bowl with Mark of Gong Yu
「供御」在銘　黑釉束口天目茶碗

底刻"供御"两字，字体刚劲有力，笔划工整，
是建窑的贡品。器形极为规整，釉面漆黑光亮
如新，珍贵。

本图录收录"供御"款盏十件，高多在 5〜6
厘米之间，口径以 12〜13 厘米之间。口径较
大者有 3 件，在 16〜22 厘米之间。釉色有酱色，
黑色，酱黑渐变几种。装饰有兔毫纹，黑釉酱
彩与酱釉条彩。

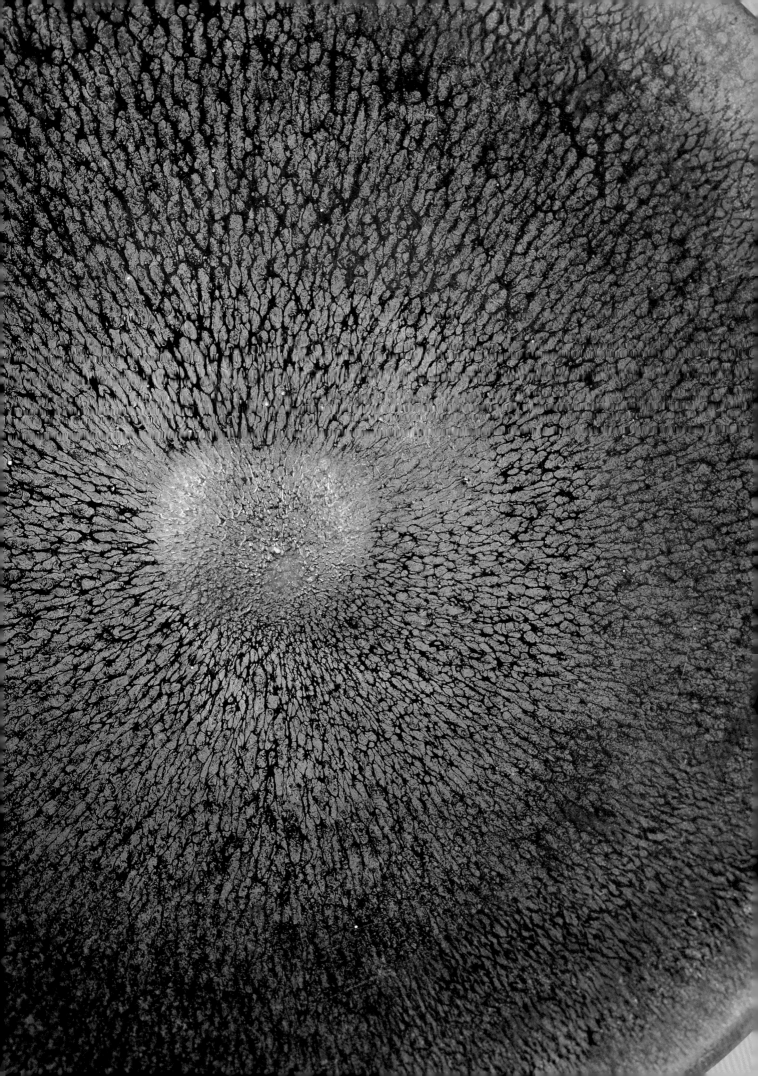

银油滴撇口大盏

窑口：建窑　尺寸：高 7.7 厘米 口径 20.9 厘米

Big Bowl with Design of Silver Oil Drop
銀線油滴撇口天目茶碗

盏内外布满银白色油滴纹，器身斗笠状，口沿
外撇，器形硕大规整，较为珍贵。
本图录收录撇口盏 18 件，大小不等，高度从
4.7 ⌣ 11.5 厘米，口径从 11.5 ⌣ 27.5 厘米。
此为较大的一件。

"供御"款柿釉束口盏

窑口：建窑　尺寸：高 5.6 厘米 口径 12.7 厘米

Reddish Brown Bowl with Mark of Gong Yu
「供御」在銘　柿釉束口天目茶碗

器底"供御"刻款，属宋代建窑贡品。其釉为
柿子黄色，珍贵。

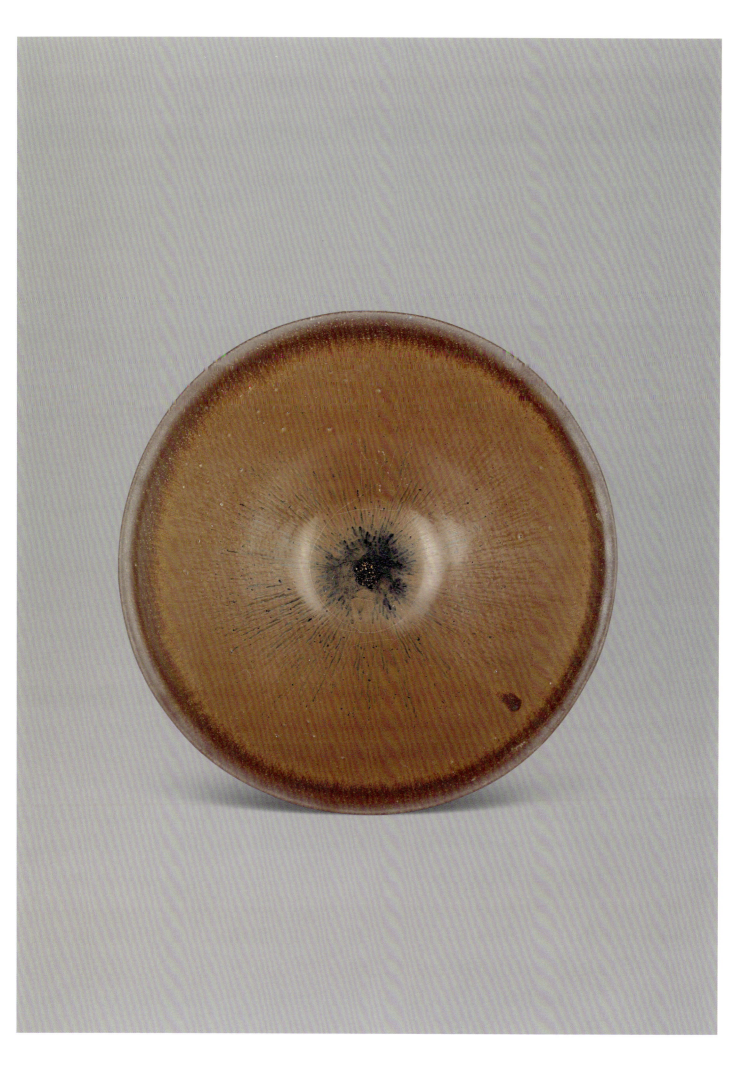

兔毫茶叶盖罐

窑口：建窑　尺寸：高 14 厘米 口径 7.2 厘米

Tuhao Tea Jar
兎毫蓋付き茶心壺

宋代建窑生产的茶叶盖罐数量较少，流传至
今较罕见，又带有兔毫纹结晶釉，比较珍贵。

乌金釉银毫撇口盏

窑口：建窑　尺寸：高 5.2 厘米 口径 12.5 厘米

Golden Black Glazed Bowl with Design of Silver
Hair

烏金釉銀線撇口天目茶碗

器形口大足小，规整优美，釉色黑亮，较珍贵。

银毫直口小盏

窑口：建窑　尺寸：高 4.4 厘米 口径 8.9 厘米

Small Bowl with Design of Silver Hair
銀線束口の天目茶碗

在乌黑的釉面布满银色兔毫丝纹，由于烧造
工艺到位，盏内外均显闪闪银光，较珍贵。

蓝毫斗笠盏

窑口：建窑　尺寸：高 5.1 厘米 口径 12.7 厘米

Bamboo Hat Shaped Bowl with Design of Blue Hair
藍斑笠天目茶碗

在乌黑的釉面上布满蓝色兔毫丝纹。敞口，腹壁 45 度斜出，呈斗笠形造型优美，较珍贵。

金毫束口盏

窑口：建窑 尺寸：高 7 厘米 口径 12 厘米

Bowl with Design of Golden Hair
金線束口天目茶碗

造型为建盏中的常见器形，口部釉无光，
呈铁锈色，是其特点之一。在乌黑的釉面
上布满带金黄色的兔毫丝纹，较珍贵。

金毫炉式盏

窑口：建窑　尺寸：高 5.1 厘米 口径 10.9 厘米

Incense Burner Shaped Bowl with Design of Golden
Hair
金線炉式天目茶碗

炉式盏造型稳重饱满，内外布满金色兔毫丝纹，
碗外壁近足有明显的一周垂釉。较珍贵。

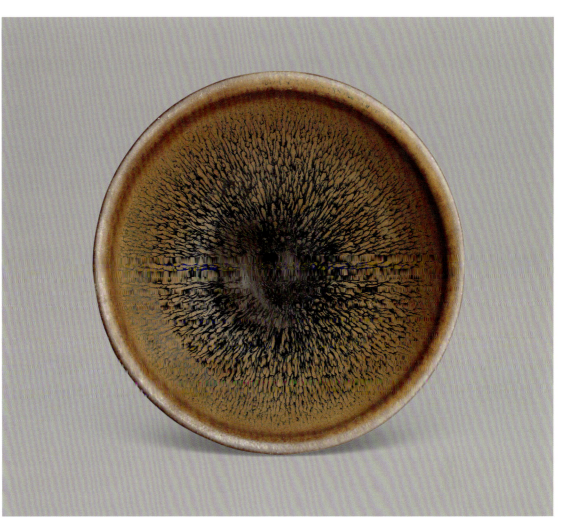

柿釉束口盏（一对）

窑口：建窑

尺寸：（1）高 6.2 厘米 口径 14 厘米
　　　（2）高 5.9 厘米 口径 12.5 厘米

Reddish Brown Glazed Bowls (One Pair)
柿釉束口天目茶碗一对

因宋代建窑柿釉烧造炉控温要求高，釉色易变，故色差小的一对盏较为难得，较为珍贵。

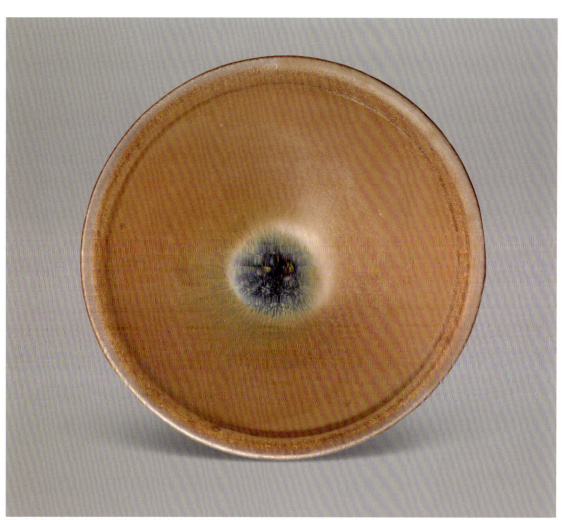

银油滴斗笠盏

窑口：建窑　尺寸：高 5 厘米 口径 12 厘米

Bamboo Hat Shaped Bowl with Design of Silver
Oil Drop
銀線油滴笠天目茶碗

厚胎厚釉是建盏的特征之一。此盏该特点
突出，在漆黑光亮的黑釉面上呈现银白色
的小油滴，较珍贵。

蓝毫束口盏

窑口：建窑　尺寸：高 7.3 厘米 口径 12.2 厘米

Bowl with Design of Blue Hair
藍斑束口天目茶碗

束口盏造型也有多种变化，口足大小比例不同，
深浅不同，下腹部又有瘦与丰之区别。此器造
型碗式略深。胎色黑。在乌黑的釉面上布满蓝
色的兔毫丝纹，较珍贵。

铁绣花炉式盏

窑口：建窑　尺寸：高 5.5 厘米 口径 11 厘米

Black Glazed and Incense Burner Shaped Bowl
鉄絵炉式天目茶碗

铁绣花釉也是宋建窑的一种著名的结晶窑变釉，器内壁釉面上呈现朵朵金黄色的美丽花瓣，其金黄彩色，是釉中氧化铁离子的沉积，较珍贵。

放射状条纹撇口大盏

窑口：建窑　尺寸：高 6 厘米 口径 16.4 厘米

Big Bowl with Design of Watermelon
スイカ紋撇口天目茶碗

该花釉也是建窑结晶窑变釉的一种，在金黄
色的底釉上出现盏底向上的放射状黑色条纹，
形似西瓜的外皮条纹。该盏是建盏大号盏，
较珍贵。

"供御"款束口大盏

窑口：建窑　尺寸：高 9.5 厘米 口径 22 厘米

Large-sized Bowl with Mark of Gong Yu
「供御」在銘　束口天目茶碗（大）

该盏是宋建窑贡品，为"供御"款中尺寸较
大的一件。盏底有"供御"刻款，字体粗放。
器形硕大饱满，釉色漆黑闪亮，珍贵。

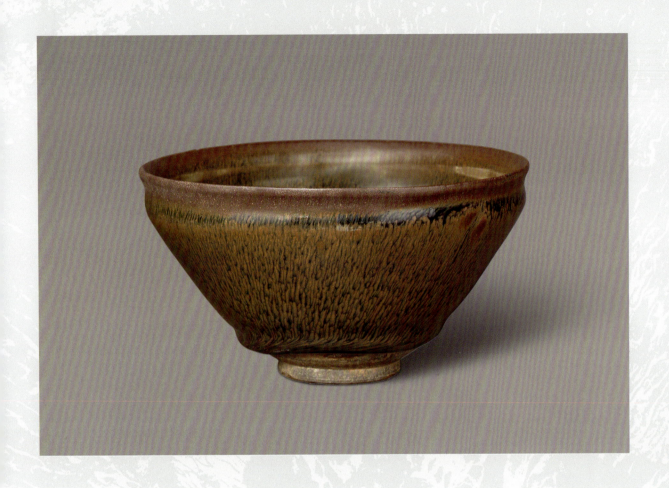

金毫束口盏

窑口：建窑　尺寸：高 6.8 厘米 口径 12.7 厘米

Bowl with Design of Golden Hair
金線束口天目茶碗

该束口盏是宋代斗茶的典型器，很规整，内外
釉面带有清晰条达的金黄色兔毫丝纹，较珍贵。

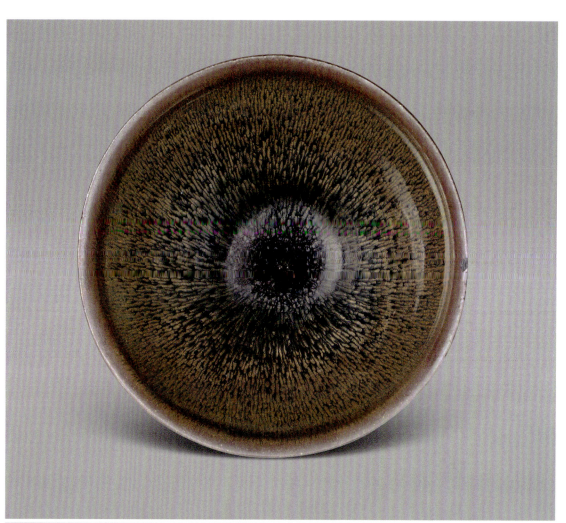

乌金釉银毫束口盏

窑口：建窑　尺寸：高 7.2 厘米 口径 12.3 厘米

Golden Black Glazed Bowl with Design of Silver
Hair
乌金釉银線束口天目茶碗

典型的建盏样式，口部釉略宽失亮。光亮绀黑如
漆的釉面上呈现出银白色的兔毫纹，较珍贵。

金毫束口盏

窑口：建窑　尺寸：高 6.8 厘米 口径 12 厘米

Bowl with Design of Golden Hair
金線束口天目茶碗

该盏是宋代斗茶的典型器，口部釉失亮，呈
铁锈色，胎色呈紫黑色，有油亮感。内外釉
面带有清晰的金黄色兔毫丝纹，纹路均匀，
较珍贵。

兔毫撇口盏

窑口：建窑　尺寸：高 7 厘米 口径 17.5 厘米

Large-sized Bowl with Design of Rabbit Hair
兔毫撇口天目茶碗（大）

该盏尺寸较大，口沿向外大翻边，器形规整，
釉面呈现灰黄色的兔毫丝纹，较珍贵。

灰背斗笠盏

窑口：建窑　尺寸：高 5 厘米 口径 12.3 厘米

Grey Glazed and Bamboo Hat Shaped Bowl
灰被釉笠天目茶碗

该灰背釉色也是建窑的一种有名釉色，属茶叶末青绿色调，淡雅素净，较珍贵。

乌金釉银毫盏

窑口：建窑　尺寸：高 6.2 厘米 口径 11.6 厘米

Golden Black Glazed with Design of Silver Hair
烏金釉銀線天目茶碗

釉色黑亮，在绀黑光亮的釉面上呈现银白色的
兔毫丝纹，较珍贵。

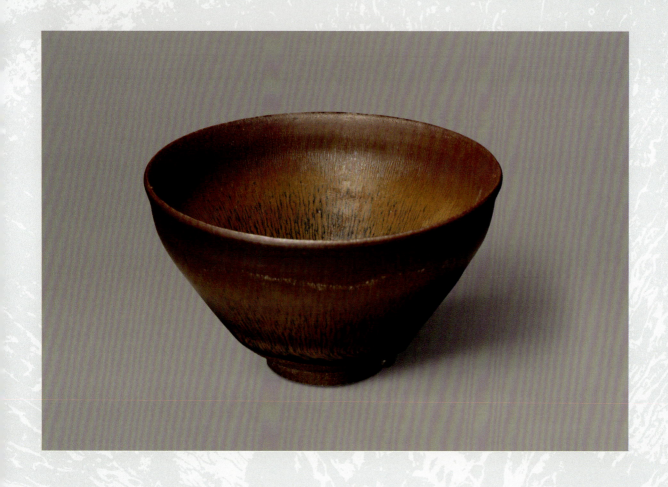

金毫束口盏

窑口：建窑　尺寸：高 7.2 厘米 口径 12.2 厘米

Bowl with Design of Golden Hair
金線束口天目茶碗

釉面呈现光亮的金黄色通达丝纹，较珍贵。
此种造型的盏数量较多，约占此图录中总数
的 2/5，高度在 5.1～7.5 厘米之间，口径在
11～13 厘米之间。

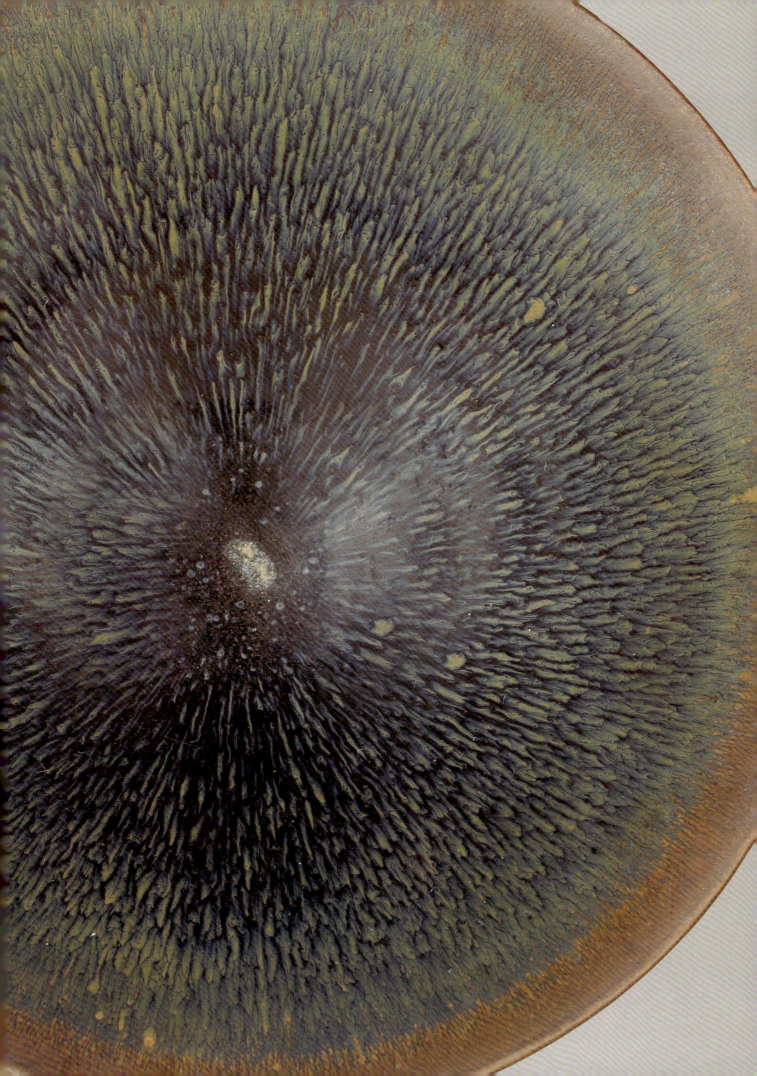

蓝毫斗笠盏

窑口：建窑　尺寸：高 4.8 厘米 口径 12.2 厘米

Bamboo Hat Shaped Bowl with Design of Blue Hair
藍斑笠天目茶碗

碗敞口，腹壁斜直，小足。形似斗笠。口径约
为足径的三倍。本图录中收录数件斗笠碗高在
4.3〜6 厘米之间，口径在 11.5〜14.8 之间。
碗口呈酱色，口以下渐黑。釉面呈现光亮的蓝
色兔毫丝纹，较珍贵。

兔毫束口盏

窑口：建窑　尺寸：高 6.6 厘米 口径 11.8 厘米

Bowl with Design of Rabbit Hair
兔毫束口天目茶碗

盏束口，小足。口釉失亮，呈酱黑色，口以下
釉色漆黑。该盏绀黑釉面上生成有兔毫丝纹，
较珍贵。

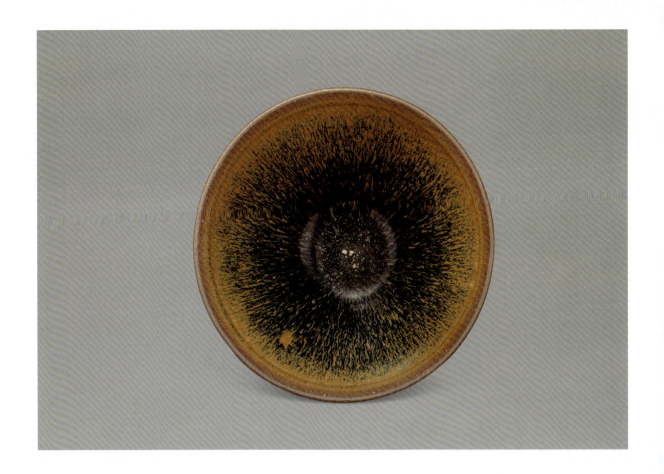

兔毫束口盏

窑口：建窑　尺寸：高 7 厘米 口径 12.3 厘米

Bowl with Design of Rabbit Hair
兔毫束口天目茶碗

该盏偏黄色的底釉上生成有兔毫丝纹，较
珍贵。

盏束口式，口呈失亮的酱色，口以下釉色
渐黑，垂釉明显。一般情况下，酱色釉、
酱黑釉器物的胎色多为深紫色，此器胎表
面色略浅。

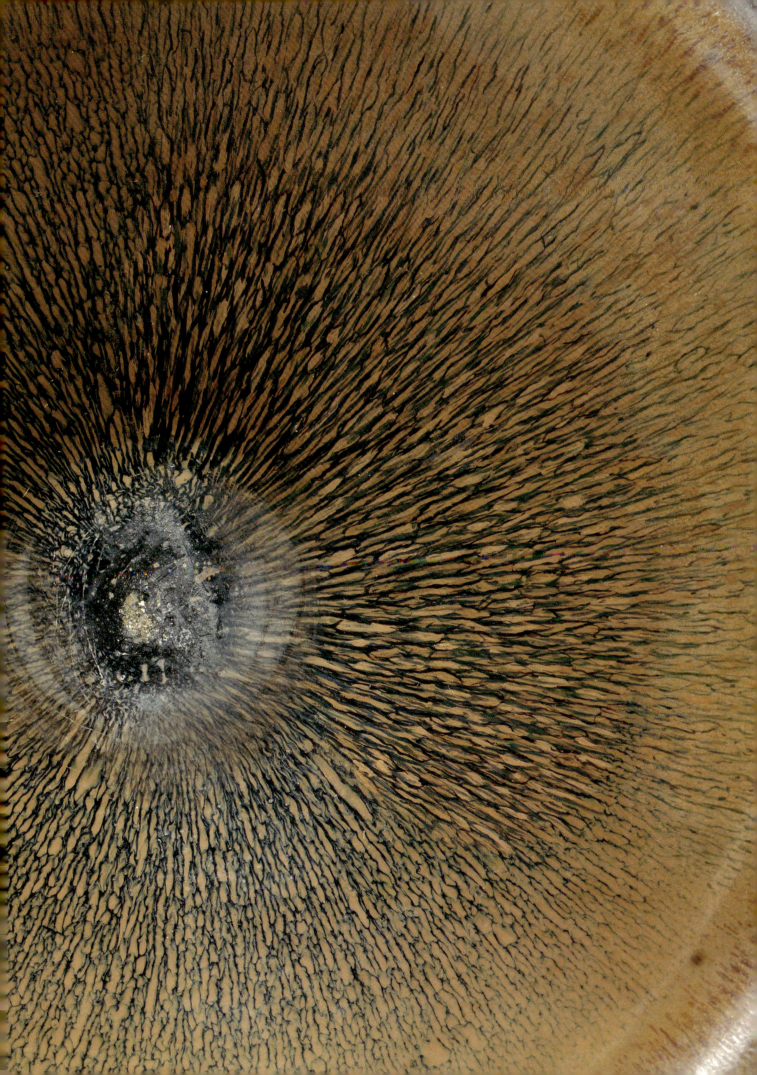

金毫撇口盏

窑口：建窑　尺寸：高 8.5 厘米 口径 19.2 厘米

Bowl with Design of Golden Hair
金線撇口天目茶碗

撇口盏与斗笠盏的区别在于撇口盏口向外翻
卷，斗笠盏则碗壁呈 45° 斜出。
该盏属大号盏，口沿外撇内外釉面上布满金黄
色兔毫纹，较珍贵。

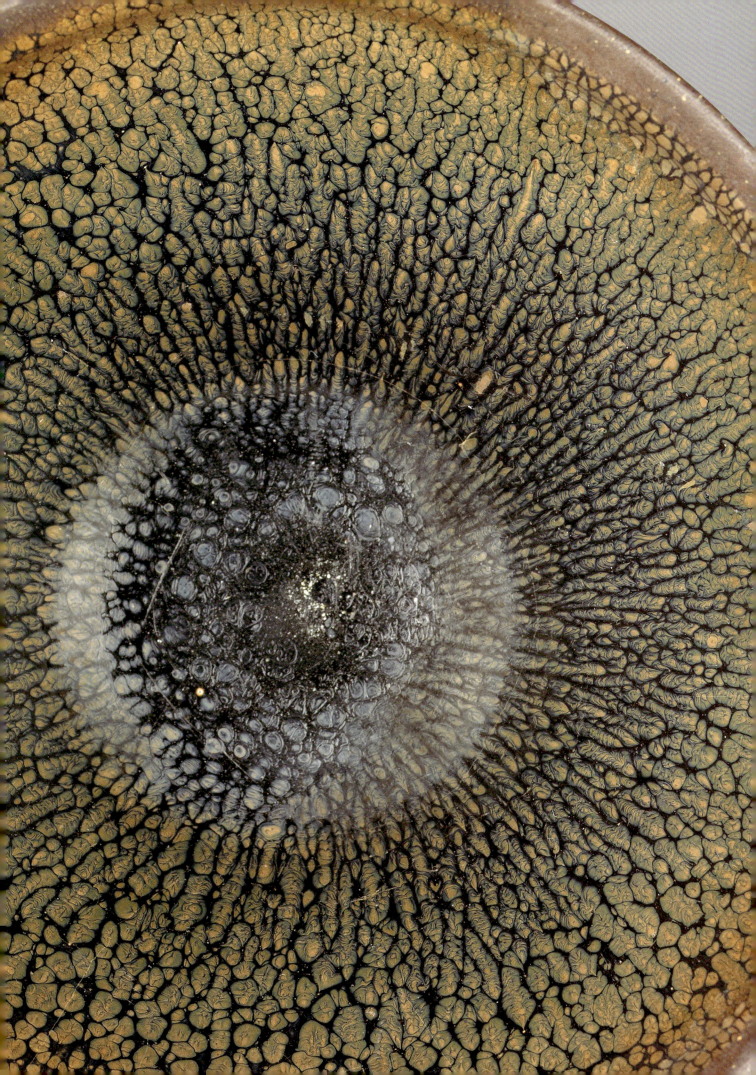

五彩油滴束口盏

窑口：建窑　尺寸：高 7 厘米 口径 12.5 厘米

Famille Verte Bowl with Design of Oil Drop
五彩揃油滴束口天目茶碗

黑色底釉上漂浮出金黄及银白的各色油滴，
五彩缤纷，赏心悦目，珍贵。

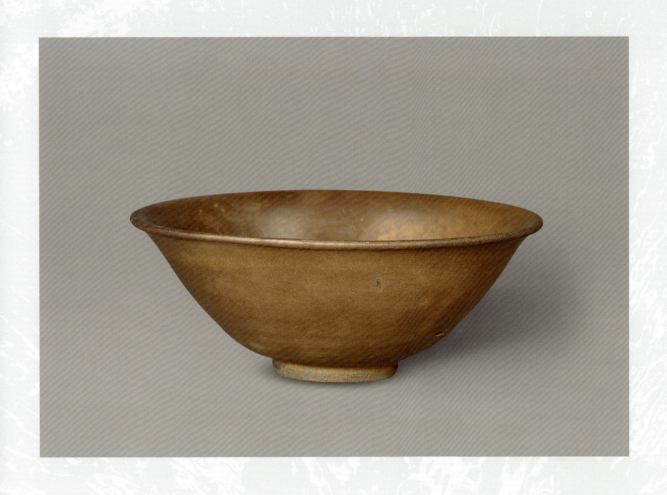

"供御"款柿釉撇口盏

窑口：建窑　尺寸：高6厘米　口径16厘米

Reddish Brown Glazed Bowl with Mark of Gong Yu
「供御」在銘　柿釉撇口天目茶碗

盏式较大,釉色纯正。该盏底刻有"供御"两字,
为宋代建窑的贡品,器形规整硕大,釉面为
金黄色的柿红釉,尽显豪华,珍贵。

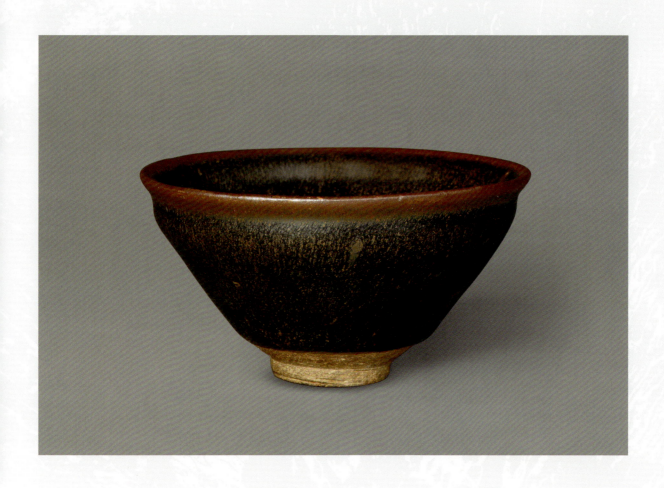

"六乙"款芝麻釉油滴束口盏

窑口：建窑　尺寸：高 6 厘米 口径 11.6 厘米

Sesame Glazed Bowl with Design of Oil Drop and
Mark of Liu Yi
「六乙」在銘　胡麻釉油滴束口天目茶碗

建窑窑址出土带有铭文及各种画押符号的器
物及标本数量较多，达数百种。此盏底部带
"六乙"款，所指为何有待进一步研究。黑
色底釉上密布均匀的银色小油滴，如同夜色
中天空的星云，较珍贵。

金油滴束口盏

窑口：建窑　尺寸：高 7 厘米 口径 12.5 厘米

Bowl with Design of Golden Oil Drop
金線油滴束口天目茶碗

黑色底釉上布满条纹分布的金色小油滴，盏
内底还散落较大的圆形油滴，较珍贵。

铁绣花束口盏

窑口：建窑　尺寸：高 8 厘米 口径 12.6 厘米

Black Glazed Bowl
鉄絵束口天目茶碗

盏内外壁釉面上呈现金黄色彩斑块，这是窑
变工艺中铁离子的沉淀，较珍贵。

银毫炉式盏

窑口：建窑　尺寸：高 5.3 厘米 口径 10.3 厘米

Incense Burner Shaped Bowl with Design of Silver Hair
銀線炉式天目茶碗

盏浅式,腹部饱满,通体呈纯黑色,胎色深黑。
内外黑釉面上呈现闪亮的银丝纹，较珍贵。

铁锈斑束口盏

窑口：建窑　尺寸：高 6.6 厘米 口径 12.7 厘米

Bowl with Design of Rust Spot
さび染み紋束口天目茶碗

盏内黑釉面上呈现金黄色朵朵的彩斑，和铁锈
花釉面呈色机理相同，盏外壁有银色油滴。较
珍贵。

铁锈斑炉式盏

窑口：建窑　尺寸：高 5.5 厘米 口径 10.7 厘米

Incense Burner Shaped Bowl with Design of Rust Spot
さび染み紋炉式天目茶碗

在盏内黑釉面上呈现朵朵金黄色圆形彩斑，非
常美观，较珍贵。
类似这种装饰在河北定窑遗址中也有发现。

"供御"款铁锈斑撇口盏

窑口：建窑　尺寸：高 6.8 厘米　口径 16 厘米

Bowl with Design of Rust Spot and Mark of Gong Yu
「供御」在銘　さび染み紋撇口天目茶碗

折沿撇口斜弧腹，浅挖足，修足规正。进贡
宫廷用瓷款，手工剔刻，字迹清晰工整。铁
胎质重，施釉肥厚，锈斑在口沿呈条状，盏
心为朵花状富含氧化铁，具有装饰效果。此
为难得的完整器物，珍贵。

兔毫束口盏

窑口：建窑　尺寸：高 6.5 厘米 口径 12 厘米

Bowl with Design of Rabbit Hair
兔毫束口天目茶碗

兔毫细长匀称，外从唇口到足跟，内从口沿
到盏心底。在窑内高温下，釉质分相充分，
实为少见的统体兔毫。釉质肥厚，釉珠颗粒大，
色泽乳光滋润。修足规范，胎骨精细。窑温
尚高，足底有窑粘。是兔毫盏中的精良之作，
较珍贵。

"进盏" 款灰背釉束口盏

窑口：建窑　尺寸：高 5.8 厘米 口径 12.1 厘米

Grey Glazed Bowl with Mark of Jin Zhan
「進盞」在銘灰被釉束口天目茶碗

制作规正，黑釉开片，碎瓷效果古朴厚重。黑胎浅挖足，露胎呈典型的水吉窑，表象质地俗称"桃酥饼"，款式制作是模具印刻，胎骨厚实坚硬，进贡官廷用瓷，珍贵。

"供御" 款鹧鸪斑束口盏

窑口：建窑　尺寸：高 6 厘米 口径 12 厘米

Bowl with Design of Partridge and Mark of
Gong Yu
「供御」在銘　シャコ紋束口天目茶碗

釉色绀黑油亮，白色鹧鸪斑，清晰乳蚀润
滑，黑白分明，似玉珠嵌入盏中，是建窑
中的名贵产品。圈足直，挖足浅，胎骨粗，
孔隙大，挂釉牢。手工剔刻"供御"款，
虽器外有土蚀痕迹，仍不失珍贵。

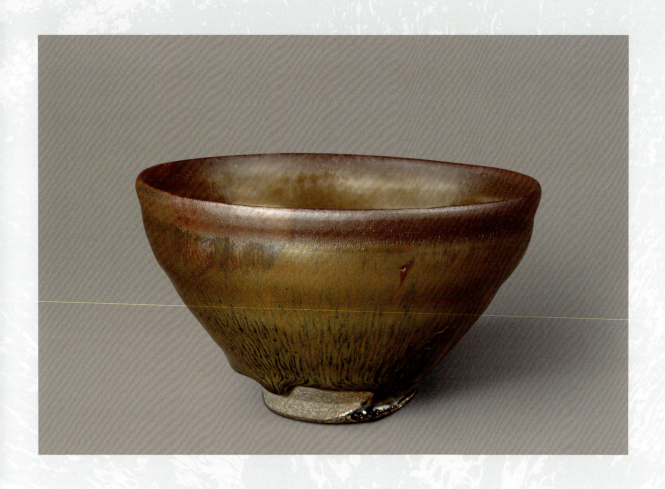

油滴银光束口盏

窑口：建窑　尺寸：高 7 厘米 口径 12.2 厘米

Bowl with Design of Oil Drop
油滴銀光束口天目茶碗

制作相当规范，唇口折沿匀称，外壁中间折痕内收。内外施釉均衡，柔光滋润。胎体致密坚硬，含铁量高。圈足直，挖足浅。土侵不明显，完好精良，较珍贵。

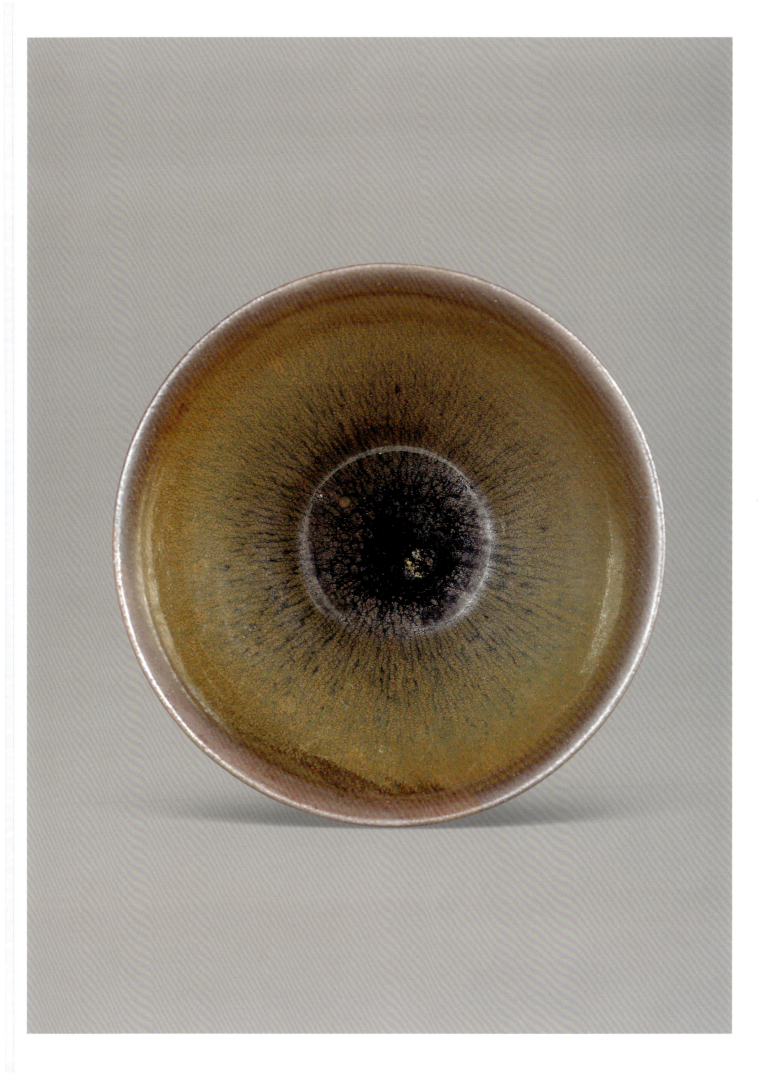

乌金釉油滴炉式盏

窑口：建窑　尺寸：高 5.5 厘米 口径 10.3 厘米

Golden Black Glazed and Incense Burner Shaped
Bowl with Design of Oil Drop
乌金釉油滴炉式天目茶碗

乌金釉含铁量甚高，也称绀黑釉，"绀黑"一
词在宋代蔡襄的《茶录》中有记载，纯黑釉乌
黑如漆，氧化锰含量达 1%，有庄重素雅之美，
是建窑黑瓷中典型釉色。釉色沉稳，无流釉现
象，内无积釉状况，盏体内油滴清晰可辨。胎
体尚粗，胎骨厚重，制作规整，较珍贵。

乌金釉银毫炉式盏

窑口：建窑　尺寸：高 5 厘米 口径 10.5 厘米

Golden Black Glazed and Incense Burner Shaped
Bowl with Design of Silver Hair
乌金釉銀線炉式天目茶碗

乌金釉银兔毫盏名贵产品，乌黑油亮。赵佶
在《大观茶论》中称："盏色贵青黑，玉毫
条达者为上。"此盏相当吻合，银兔毫富含
磁铁矿，结晶体呈银白色，器物内外兔毫条
细长致密，无釉泪痕无积釉，制作精良、烧
制火焰恰到好处，较珍贵。

兔毫束口盏

窑口：建窑　尺寸：高 7.4 厘米 口径 12.7 厘米

Bowl with Design of Rabbit Hair
兔毫束口天目天目茶碗

兔毫匀称细密，充分表现出分相釉的效果，含
磷的草木灰釉烧制控制恰到好处。胎骨结实，
釉质滋润，釉珠凝重，制作细腻，较珍贵。

乌金釉撇口盏

窑口：建窑　尺寸：高 6.5 厘米　口径 11.5 厘米

Golden Black Glazed Bowl
乌金釉撇口天目茶碗

撇口，斜腹下收，盏下部有明显折痕，有效阻
止釉质流向足跟。浅挖足、盏体微厚，茶盏熁
之久热难冷。釉质乌黑发亮，宋代斗茶佳品，
较珍贵。

金油滴束口盏

窑口：建窑　尺寸：高 5.6 厘米 口径 11.5 厘米

Bowl with Design of Golden Oil Drop
金白色斑纹油滴束口天目茶碗

油滴盏烧造难度大，成品率很低，通体里外全
是油滴，密度大、油滴大，实为少见。釉质要
足够粘度，足够的厚度和足够的铁矿物，高温
下聚集赤铁矿晶质，才能表现出大的金油滴，
出窑万件难得一件，较珍贵。

蓝毫束口盏

窑口：建窑　尺寸：高 7.5 厘米 口径 12.7 厘米

Bowl with Design of Blue Hair
藍斑束口天目茶碗

蓝毫盏是稀有名贵的窑变釉，曜变难得，形成
原因很复杂，非人为可掌控，它既有物理结构
着色又有化学着色，还有纳米级颗粒的吸收和
散射色原理，使得蓝兔毫盏成为国宝级器物。
该件蓝兔毫盏制作精良、釉胎俱佳、毫发清晰，
唇口一圈土蚀较重，但仍较珍贵。

金毫束口盏

窑口：建窑　尺寸：高 5.6 厘米 口径 12.6 厘米

Bowl with Design of Golden Hair
金線束口天目茶碗

此盏完好精美，几乎找不到瑕疵，金豪细密，
长如发丝；釉黑柔和，糯而端庄，沉稳凝重。
制作规整精良，胎骨厚重，无粗糙感觉，是难
得的兔毫精品，较珍贵。

乌金釉小盏

窑口：建窑　尺寸：高 4.2 厘米 口径 9.3 厘米

Small Golden Black Glazed Bowl
乌金釉天目茶碗

绀黑油亮，滋润柔滑，挂釉无釉珠现象，口
内敛，弧腹均匀，制作规正。浅挖足，胎略粗，
呈现颗粒状。品相完好，是收藏佳品。

银油滴斗笠盏

窑口：建窑　尺寸：高 5.4 厘米 口径 11.5 厘米

Bamboo Hat Shaped Bowl with Design of Silver Oil Drop
銀線油滴笠天目茶碗

此盏折沿敞口，斜腹下收，斗笠特征明显，釉质肥腴，挂釉适可而止，油滴欠富聚，显银色已属不易，制作讲究，胎骨呈现颗粒状，无伤残痕，品相一流，值得珍藏。

蓝毫撇口盏

窑口：建窑　尺寸：高 5.5 厘米 口径 12.8 厘米

Bowl with Design of Blue Hair
藍斑撇口天目茶碗

该盏蓝毫釉细腻犹如游丝，亚光沉稳，温润优
雅。唇口翻边匀称，釉珠凝重。胎色较浅。圈
足平整规范。胎骨呈现灰黑。不见款式，神似
贡品，较珍贵。

"供御"款条纹束口盏

窑口：建窑　尺寸：高6厘米 口径12.8厘米

Bowl with Design of Watermelon and Mark of Gong Yu
「供御」在銘　スイカ紋束口天目茶碗

此为难得一见条纹束口盏，折沿规正匀称，
浅弧腹。条纹带有兔毫丝，釉光柔弱。胎骨
乌黑，剔刻款，刻文犀利。圈足窑粘变形，
是一件极难觅的精品。

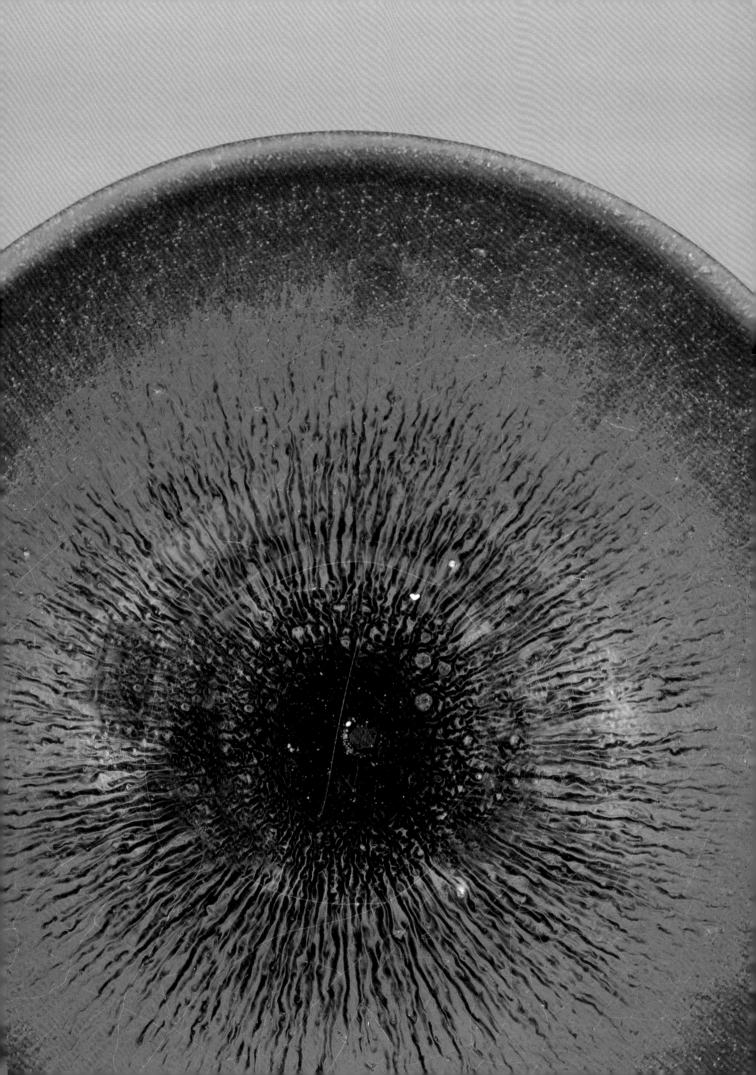

"供御"款兔毫盏

窑口：建窑　尺寸：高5.5厘米 口径12.5厘米

Bowl with Design of Rabbit Hair and Mark of Gong Yu
「供御」在銘　兎毫天目茶碗

唇口折沿，浅弧腹。黑釉铁胎，厚重沉稳。盏内外兔毫向底中游聚，分相釉显现。浅挖足，剔刻款。土侵后呈现芝麻点状痕迹，有窑粘，较珍贵。

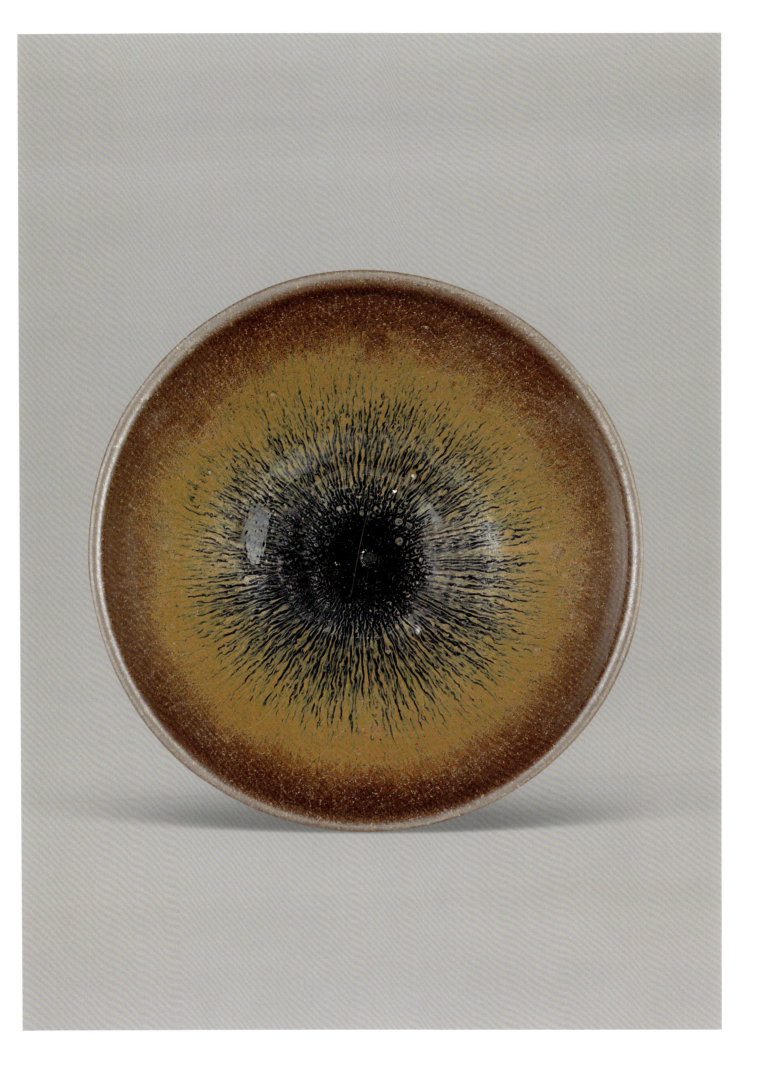

"皇"字款兔毫盏

窑口：建窑　尺寸：高 6 厘米 口径 12.7 厘米

Bowl with Design of Rabbit Hair and Mark of Huang
「皇」在銘　兎毫天目茶碗

此盏釉色乌黑，釉光柔弱。露胎呈现灰黑色，
盏心不积釉，兔毫细长。圈足平切，挖足浅。
"皇"字款实属罕见，是进贡宫廷用瓷。口
沿虽有多处损伤，仍不失珍贵。

"供御"款乌金釉束口盏

窑口：建窑　尺寸：高 6.8 厘米 口径 12.5 厘米

Golden Black Glazed Bowl with Mark of Gong Yu
「供御」在銘　烏金釉束口天目茶碗

制作规范，釉色绀黑油亮。釉面受土蚀呈现芝
麻点状痕迹。胎骨较为粗糙，但仍然坚硬。浅
挖足，手工剔字款，字迹清晰。贡品无疑，较
为珍贵。

茶叶末釉束口盏

窑口：建窑　尺寸：高 6.7 厘米 口径 12.8 厘米

Tea Dust Glazed Bowl
茶葉末釉束口天目茶碗

该盏制作相当规正，唇口内敛，弧腹匀称，圈足圆润，挖足浅薄。辉石类结晶体将茶叶末釉表现尤为充分，积釉处色深，釉中开片尽显，疑似碎瓷，别具审美风采，是一件不可多得的建窑茶叶末釉精品，较珍贵。

金毫撇口大盏

窑口：建窑　尺寸：高 6.5 厘米 口径 16.5 厘米

Big Bowl with Design of Golden Hair
金線撇口天目茶碗

硕大的金毫大碗，极其难得。金丝细长密集，
有条不紊，自然神功，非人为可掌控。折沿弧
腹，修足俱佳，型制沉稳端庄，碗内金丝犹如
坠潭瀑布，铁胎质地又显身骨硬朗。应是建窑
大碗中的极品，较珍贵。

金毫束口盏

窑口：建窑　尺寸：高 6.5 厘米 口径 11.8 厘米

Bowl with Design of Golden Hair
金線束口天目茶碗

该盏制作相当规正，折沿内敛，弧腹修足，尽
显制作者功力。厚釉，厚胎，高密度金毫纹，
内不积釉，外无釉泪釉珠，彰显建窑成功之作，
不是贡品，也是精品，较珍贵。

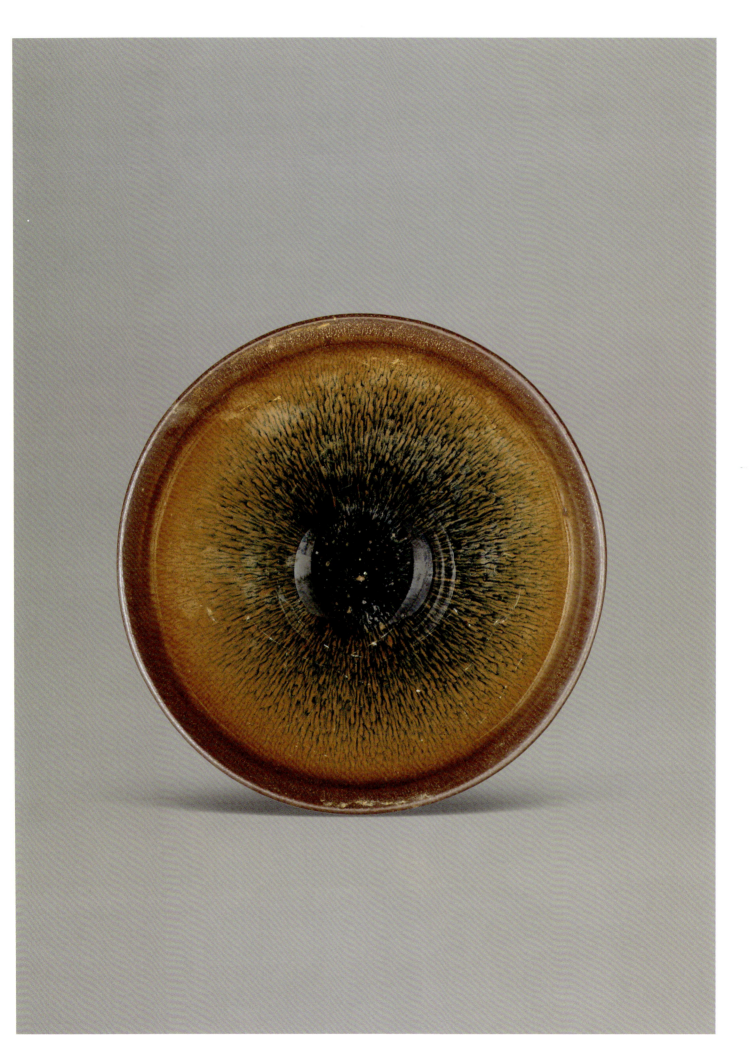

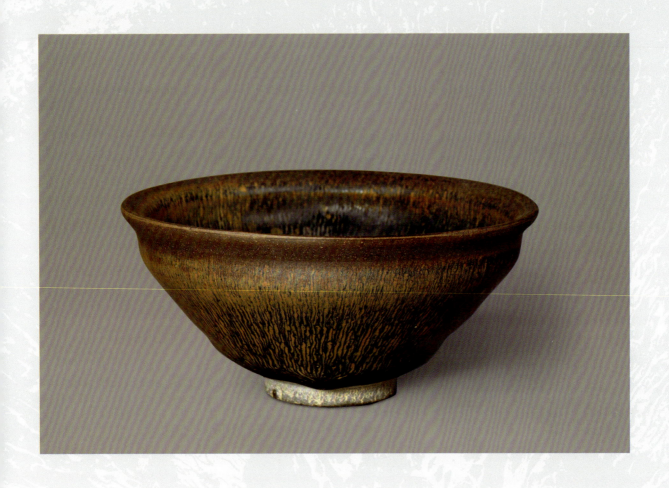

兔毫束口盏

窑口：建窑　尺寸：高 6.5 厘米 口径 13 厘米

Bowl with Design of Rabbit Hair
兔毫束口天目茶碗

该件兔毫盏，毫发致密，细长流动，匀称清晰，
釉光柔和。唇口折沿适度，弧腹匀称，修足
规正，内无积釉，外不见釉过分流淌。经土蚀，
胎呈灰黑状，口沿有针尖状白点。为建窑中
不可多得的成功佳作，较珍贵。

兔毫茶叶盖罐

窑口：建窑　尺寸：高 12 厘米

Tea Canister with Cover and Design
of Rabbit Hair
兎毫蓋付き茶心壺

该件茶叶盖罐施兔毫釉，也是建窑作品中罕
见之物。将军帽盖，折沿翻边，罐鼓腹大肚，
下收不失稳健，古朴典雅，制作精细，小件
大器，传说十盏抵一罐，较珍贵。

黑釉兔毫束口盏

窑口：建窑　尺寸：高 5.8 厘米 口径 12.3 厘米

Black Glazed Tuhao Beam Cup
黑釉兔毫束口天目茶碗

釉黑乌亮，光照可人，制作规正，分相釉体现
不充分，兔毫尚欠缺，但完好无缺损，是当时
斗茶佳品，较珍贵。

茶叶末釉鹧鸪斑束口盏（一对）

窑口：建窑
尺寸：(1) 高 4.8 厘米 口径 10.9 厘米
　　　(2) 高 4.8 厘米 口径 10.6 厘米

Tea Dust Glazed Bowls with Design of Partridge (One Pair)
茶葉末釉シャコ紋束口天目茶碗一対

该对碗在茶叶末底釉上又以浓厚、深浅的色调构画了
鹧鸪鸟羽毛的图案，栩栩如生，巧夺天工。传世稀少，
较珍贵。

铁绣花斗笠盏

窑口：建窑　尺寸：高 4.5 厘米 口径 14 厘米

Black Glazed and Bamboo Hat Shaped Bowl
鉄絵笠天目茶碗

该盏造型规整大方，修足精细，胎色较浅，
利用结晶釉窑变机理，在黑色釉面上形成铁
离子聚集，呈现了美丽的金黄色斑块，较珍贵。

描金束口盏

窑口：遇林亭窑　尺寸：高 7 厘米 口径 12.4 厘米

Golden Traced Bowl
釉描金彩束口天目茶碗

该盏出自武夷山遇林亭窑。用描金彩绘作装饰，
黑白分明。因年代久远银彩易脱落，画的内容已
不清楚，仍较珍贵。

"福寿山海" 描金束口盏

窑口：遇林亭窑　尺寸：高 6.7 厘米 口径 12 厘米

Golden Traced Bowl with Design for Longevity
「福寿山海」在銘　釉描金彩束口天目茶碗

该盏是福建武夷山区的遇林亭窑出产。其胎土没
有建窑含铁量高，故胎足显灰白，在黑釉面上用
描金工艺书写吉祥文字作装饰。也是建窑系列的
名品，较珍贵。

后记

　　《玺圭雅集——宋瓷　建窑》一书得到了相关学术机构和专家学者的倾心相助。在此，对在展览和本书编撰中提供支持帮助的专家及收藏家表示衷心的感谢：沈伟光、崔荼标、廖成义、徐磊、黄林华、范大飞、吴继光、王光增、宋涛、俞玄甫、杨兴生、陆雄杰、李志刚、黄洪保、陈旭、龚绍明、谢松青、廖绩华、廖成军、叶华军、叶琪、温国星、周建平、丁桂云、黄建辉、正上生、叶碧泉、陈金平、廖成飞、阿贵、邱庆良、黄云龙、徐祖松、廖武森、邢英伟、陈桂生、岑文澜、谢彩军、张耀中、陈宝富等。

　　在此，特别感谢福建省建阳市人民政府、福建省建阳市建窑建盏收藏协会及上海分会、上海玺圭古文化传播有限公司、上海虹桥古玩城、著名艺术品收藏大家翟健民先生、文物出版社等单位和专家的大力支持！

　　因本书篇幅有限，编著时间较短，可能存在遗漏或差错，请大家谅解，并请不吝指正，以便再版时修正。

冯小琦　陈西桂

2016 年 10 月

陈西桂

1965 年 1 月出生，浙江温岭人。中国社科院考古学博士、副教授、国家古陶瓷高级鉴定师，有近三十年艺术品鉴赏方面经验，擅长古陶瓷、高古玉器、书画等方面的鉴赏，《鉴融》词创人。鉴融：指艺术品鉴定、评估、融资、兑现的过程。它组合了艺术品鉴定保真并承担责任，评估价值的经济担保，实现艺术品进入金融市场的服务功能。最先提出"谁鉴定评估，谁承担责任"的理念。

主要代表作　　《鉴定四项原则：以理论知识为基础、以科技测试为依据、以历代实物为标本、以仿古作旧为参照》《中国艺术品鉴定评估行业规范模式的研究分析》《中国艺术品固有价值和隐性价值的挖掘》《中国艺术品进入流通领域的价值保障工作模式》《艺术品鉴定单位需要具备条件》《艺术品评估价值怎样组成》等论文。

研究专长　　　古陶瓷（鉴定）

近期研究方向　古陶瓷检测研究
古陶瓷检测数据软件研发
古陶瓷标本陈列建档管理工作的研究
几年来参与了对全国各文化遗产集中地的学习研究，如浙江、江苏良渚文化遗产；浙江、闽北地区越窑系遗址；河南安阳殷墟遗址；陕西、河南古遗址；福建建阳、建瓯建窑古窑址；江西景德镇古窑址；河北及京津地区古遗址的考察及出土标本收集的建档，为科技与传统相结合的鉴定工作奠定基础，并建立了数据库。